JN439807

Park Su-Ryeon

시인 박수련

슬픔이 흐르는 강

박수련 시집

슬픔이 흐르는 강

Poetics 시학

■ 시인의 말

나의 첫 시는 낙엽이었다.
내가 입원한 병동은 질서와 규칙이 일관했고
사람들마다 아픔을 감수했다.
자식을 잃은 어미가 신음하는 유리창으로
나도 자유를 그리워하며
새벽노을을 바라봤다.
시를 그리워했고,
핏줄을 그리워했고,
심중은 끊임없는 고통의 갈급이었다.
그런 병동 생활에 내 감수성은 메말라갔다.
나는 그 속에서 첫 시를 썼다.
그러나 시를 쓴다는 것이 너무 객관적이었고
시적 체험이 많지 않았다.
왜 나의 첫 시가 낙엽이었을까, 그건 나도 모르겠다.
시를 생각하면 그것은 생명력이 짧아 곧 순간이다.
유한할 것이니 불변이나 영원한 가치관과는 사뭇 다르다.
그러나 나는 더 크게 울부짖었다.
결국 내가 아는 낙엽은 쓰레기더미였고 도피였고 반어였다.
사그라드는 목숨의 선혈을 쏟으며
잃어가는 삶을 붙잡기 위해 안간힘을 썼다.
나는 지금도 낙엽이 쌓인 숲 속을 자주 걷는다.
바다를 향한 미지에 대한 동경에 모든 낙엽을 수장할 것이다.

낙엽들은 하나씩 작은 날개를 달고 물을 차고
허공에 너부러질 것이다.
꿈과 함께 날고 싶은 내 소망처럼 나도 높이높이 솟구칠 것이다.
이제 긴 터널을 지났다.
밝은 햇빛이 온 몸을 감싸 안고 함께 바라볼 하늘이다.
찬바람에 물결치는 맨드라미의 붉은 빛이 선명해진다.
긴 터널을 달려 나올 것 같다.
가을 풀들, 그 사이로 강이 흐른다.
당신의 오랜 방황, 마음으로 다 쓸어버리고
이젠 외출을 금지했다.
햇빛이 눈부시다.
천천히 걸어온다.
터널 끝에서 당신을 기다리며 서로 마주 바라보는 눈빛에
오래도록 더듬어 본 낯익은 향기
모든 분들께 감사하다.

2015년 가을

박수련

차 례

풍경

밀 보리농사 거둔 들판에
자운영이 흐드러지게 피어 있다
나 또한 저런 마음이 되어
저 멀리 열린 들판을 바라보자
오마 오마
오디 따먹던 비릿 내음
네 기억 하나 물에 젖어 황홀해라
저녁노을 구름 사이로
마른번개가 번쩍인다

유포리 원경

붉은 잎
자두나무 사이에 걸린
파아란 봄 하늘
철 막 지난 철쭉꽃
흐드러졌네
내 뼈마디 저미게
풍성한 매화가지
눈물나게 하얀데
산은 말없는 초록비단
뭉게
뭉게
피어나는 그립고 아쉬운 저 푸른 하늘
시골 토속 식당 앞길
손님들의 차량이
구름 먼지 휩쓰는 한낮
나 혼자 가다가 돌아보고
가다가 돌아보면

말없이 손 흔들며

멀어져 가는

유포리

풀피리

풀잎엔 무지개빛이 아롱인다
아롱이다 날아간 이슬방울 하나
머나먼 별이 되어
귀에 박혀 오고

목청의 은실꾸릴 풀어내는
풀벌레의 가락엔
밤내 풀물이 들어
초록빛 강을 그린다

바람 끝
들판이 꼬리치며 사라진 뒤
별에서 들리는
풀피리 소리
하나

백일홍

맑은 햇빛
가을 백일홍
슬픔의 맨 종아리
포식의 아침
표류를 가리키는 붉은
꽃 이파리
투명한 상실, 바람의
흘러간 놀빛, 창공의
조용한 위안, 땅 위에
너, 에테르의 오후
뒷모습, 우리의 가을 한반도
사랑이 하늘하늘 꽃피는
뜨거운,
현란한 절망
빠아알강
백일홍

가을 기도문

촛불을 놓자
밤별이 멀어지는 곳에
나뭇잎이 땅에서 나뒹굴기 전에

등불을 걸자
손때 묻은 이별이 발자국에 다시 덮여도

목숨을 풀자
이미 접은 날개에 가을비 부슬부슬 내리도록

길에 차량들이 굳게 문을 잠그고
하루 쓰레기가 종량제를 맞고 있다

걸어가는 그의 등을 흔드는 바람
바람이 아니었다면 흔들리는 줄 모르지

작은 빗소리

차바퀴에 깔려 신음하는 밤
밤을 새워도 밤은 깊어지지 않는다

돌아올 때는 흰 구름 쳐다보기
흰 구름 편지 한 장 따라오기

아주 짧게 세월이 가듯
아주 짧게 눈물을 닦고

코스모스

까닭 없이
꽃으로, 하얀 꽃으로 피어난다

비 오면 차를 타고
젊음이 갓 시작된
가슴앓이
하얀 코스모스가 좋았다

흐르는 구름 함께
나무들 잎새가 되고

길가에서
하얀 꽃으로 흔들린다

혼자 서 있는
너의 외로움
나뭇잎 따라 달린다

먼 코스모스
핀 강가에서
강물 소리가 난다

슬기둥 · 1

— 테라스에서

가랑잎이 지는 정원
주인 없고 객 홀로 앉아 있다
음악은 끊기고 오랜 적막
난간 거미줄 마른잎에 바람이 지나간다
쌓인 목재와 이름 모를 나무들과 잎들이
객을 향해 손짓하면 나는 나무들에게
차 한 잔 부탁하고 이왕이면
따뜻한 차를 달라고 한다
바람이 붐비면 나뭇잎은 누구의 화폭인가
갑자기 고요해져
돌아다보니 입구에 하얀 들꽃이
한아름 피어 있다

슬기둥 · 2

저녁 다섯 시
그가 새삼 그리워진다
다섯 시 삼십 분
심야의 카페 슬기둥
가장 서글픈 시의 테라스
달 별 삭풍 속에 외줄 오선지
스쳐, 버스 정류장
캄캄한 어둠 속
차량들의 불빛이
초가의 불빛들로 전환하는 밤
세상 번뇌 적막 속에 서 있는 나
오랜 사랑 끝에 남은 그리움
검정 스카프로 엮은 머리
그가 즐겨 듣던 노래
이미 도시로 접어든 안개, 나는
헤매다 돌아온 감수성 그대로
따뜻한 방 의자에 앉아
조용히 몸을 추스른다

황금빛 해바라기

부산의
터미널은 부산스럽게
막을 내리고 있었다
올 때처럼 백반을 먹고
갈 때는 꾸역꾸역
쏟아내는
도시의 한 귀퉁이에
감추어진 바다
잠시 떨어진 별은 금속성 화음
정확히 밀려가는 차창 밖으로
되돌아간다
바위틈에
인화지를 걸고 돌아와 눕는 바다
침묵의 입자들이 분열의 소리를 낸다
주머니에서 찻삯을 꺼내
창구에 밀어넣을 때
내 두 눈에서 굴절되는 빛

바다의 새벽을 향한

황금빛 해바라기

바다

바다에
수평선이 안개에 가려
멀리까지 보이지 않는다
이 내부의 끈끈한 점액질로부터
달아나는 내 눈에 보여지는 바다

보이지 않는 것에서
보이는 것으로

가시적 굴레 밖으로
물러갔다 돌아오는
웅대한 바닷소리
내 발목을 덮쳤다가
하얗게 쓸어버리는
파도의 푸른 골절상을
투명하게 비추는
저 광막한 벌판을 향해
가슴을 비우는 나

부다페스트의 밤

부다페스트의 밤은 유령으로 붐빈다
홀로코스트의 겨울은 더욱 그러하다
트렁크를 든 흑발의 여인이 떠나고
모딜리아니의 풍성한 성욕을 풍기는
바다의 여자들도 유대의 흔적에 머물다
무덤으로 가는 출구엔 겨울바람만
시린 손을 풀고 있다

기차는 어느새 터널을 지나고 있다
그 깊고 어두운 자궁을 지나는 동안
삼십 촉 형광램프 불빛이 흐릿한 방안에서
바다가 나의 곁을 떠나는 꿈을 꾸었다
잃어버린 아우성을 찾아 끝없이 떠나야 한다
얼마 후 기차가 도착할 조그만 해안의 역을 떠올렸다
소금기에 절은 갯벌의 아이들이
바다 아래 수초처럼 나부끼고 있었다
비수의 갈대숲 철새들이 격렬한 시위로 흔들리는

한 줌의 돌처럼 투척하고 있었다
멀리 늙은 어부가 낡은 그물을 매만지는
그의 거친 수염이 파도 소리에 섞여
해안 마을 묘지에 서성이는 불빛을 강하게 만들었다
밤새도록 부풀은 애인의 욕망과 같았다
늙은 어부는 아침이면
아득하고 먼 연민의 부다페스트를
곁에 두고 사라진 장벽을 향해 그물을 던질 것이다

그가 돌아올 때는 3등급 고깃배 안에
포로로 잡혀온 푸른 전사가 살아서 꿈틀거릴 것이다
기차가 부다페스트역에 도착했을 때
바다는 인화지 크기로 축소되어 눈이 내렸다
죽음의 담을 찾아 걸었다
장벽이 허물어진 이국에서
철조망으로 밀려오는 파도를 매만지는 사이
소년의 머리엔 백발의 눈이 아득히 쌓이고

바다는 점점 더 깊어져 갔다
밤이면 나의 곁을 떠나는 바다
며칠은 죽음의 껍질로 남겨져 있다가
호주머니 깊숙이 파도 소리를 접어 넣고
아무 말 없이 돌아왔다
도시 쇼윈도 속 마네킹처럼 나부끼는
금발의 여자들 틈을 지날 때야
이방인의 살을 찢는 부푼 바다를 만져 보았다
벽이 허물어진 고층을 넘어 파도가 으르렁거리는
부다페스트의 밤

---

* 부다페스트에는 바다가 없다.

비의 서사시 · 1

그대에게 가는 길은 암청색 바다
천년 세월 진주가 조개를 연다
외로운 들창문, 유리 구두, 말발굽 소리
투명한 눈물이 바다에 내린다
포말과 거대함을 이기고 가느다랗게 비가 내린다
왕자님, 나의 영롱한 눈, 눈썹 위로 구름의 야청빛
입맞춤으로 오세요. 아 서울 지하도 썩은 남자의 시신
생쥐에게 살 뜯기고 혼만 하늘로 오르는
유년 시절의 꿈
어디서 오는 걸까
가시장미를 헤치고 육지의 증오를 쓰러뜨리고
번득이는 칼의 마법으로 제 크림색 조개를 열어줘
오랜 잠과 짧은 삶, 외딴
섬마을 이끼 낀 둑 위에 서 있는
이방인의 냄새를 맡아 아! 바다여 오랜 가뭄 끝에
내리는 단비의 노래 그 소리 들으며 세월에 찌든 방
들창문을 여는 여인의 귀로 뛰어들어라

그대에게로 가는 길은 암청색 바다
가느다란 금속성 현의 줄 위, 바다에 내리는 빗소리
영원한 그림 그 벼랑

비의 서사시 · 2

빗속 삿갓 쓰고 가는 시묘살이
꾀벗은 소리, 강가 그루터기
방울방울 내릴 때

허허한 빗결 구름 떼
꼭두각시 산 위로 잠시 잠긴다
여름 가뭄에 여윈 수친 그대로
한 계절 구기고 앉아 비럭글을 쓴다
빗결 같은 허허한 골짜기로
멀리 내달려 가는 알음알이
찌를 걸고 낚시질하라
별빛 수정 건져라
그대가 흰옷 하나 호올로 걸치고 한낮의 여름강
늠실늠실
실려오면
나만이 그대의 빛을 간직하고
늘 노을 오두막집을 건너가고 있다

강

길이었다
태어나기 위해 마련된 따뜻한 밀실
배였다
하얀 돛을 잡고 울리던 심장의 박동소리
가슴에서 자꾸 뜨거워지고 있었다
희열이었다
눈부시게 전율하고 있었다
추락하고 싶은 간절한 꿈
내 겨드랑이는 날 수 없도록 빤질거리고 있었다
마음을 강렬하게 호출하는 본능
온몸을 휘저으며 초유를 향해 터지는 울음소리
달빛이 젖어들고 땀내 나는 두 주먹을
불끈 쥐고 있었다
들가에 네잎클로버의 노래
탄생의 간절한 충전이었다

비 오는 나라

물이 길바닥을
치는 소리 들었니

비가 뜨락을
내리치는 소리
들었니

서로 자기가 옳다고
말도 안 되는 말을 하며
기찬 소리 내지르는 걸
너도 들었니

배고프면 배고프다고
인생의 하늘 밑에서
더 세차게
물이 물 위에 회치는 소리

찬 방에 누워 하늘 없는
하늘 혼자 누운 저
끝 나라에서 들려오는
당신의 빗소리

다시는 들을 수 없는
저 천지를 후리는 소리
빗소리 들었니

아까시나무꽃

나 없는 동안
그대 발걸음 가벼이
노을도 따라 걸었네
그대 늘 우수에 잠겼네
입가에 조용한 웃음
지금도 곱게 흐르는데
아 다시 돌아갈까
그 찬란한 시절로
가서 그대 해 같은
얼굴을 안고 눈물 흘리랴
천년만년
그 우수의 그늘 아래
아까시나무꽃 흩날리는
초여름에
그대 다시 피어나리
동정을 사랑하기에

바람이 불어도
밤별은 쓸리지 않고
미풍에 떠는 신비스러운
은빛 별들이
몽상에 물드는 사계
나는 느리게 동정을 잃었구나

너를 위하여 · 1

눈 덮인 살얼음을
다녀간 발자국이 보인다
놀랍다
누굴까 겁도 없이
얼음 위를 질러간 너는
아이보리색 차양을 반쯤 내리고
밖을 내다보니 가슴속
적막감이 보인다
호수 건너 붉은 나뭇잎이
한파에 지지 않는다
느티나무 아래 빈 땅이
외로워 보인다
나도 저 눈 내린 풍경 속으로
걸어갈 것이다

너를 위하여 · 2

눈물은 썩지 않는다
비극의 토대 위에
내린 흰 눈을
나더러 어쩌란 말이냐
썩은 물이 흐름을 멈춘
펠리컨이 얼음에 갇힌
그리움을 남긴 햇빛이 아름다운
그 위로 다시 폭설이 내리면
애써 걸어오는 동안
또다시 너의 이름을 묻고
물어도 대답 없는
추억 속의 네가
이제 입술을 열까
체중에 시달린 세월

너를 위하여 · 3

안개꽃 필 때
눈사람 볼 때도
절망을 느낀다
그는 사랑만큼 닮았고
추억처럼 죽었다
찬란한 겨울 한 귀퉁이
혼자 서서
꽃을 사고 싶다
볼품없이 핀 꽃이
품절이란다

사랑한다는 것은

사랑한다는 것은
자신을 내준다는 뜻일 겁니다
가까이 그리움을 잠시 접고
하늘만큼 커진 푸른 욕망이
너의 붉은 혀를 빨아대는
아픔일 겁니다
먼 옛날부터 지금까지
너 하나 사랑했지만
이제 너의 휘황한 얼굴은
시들고 웃음도 가고
조용한 연배의 섬처럼
나를 받아줄
강이 흐르는 고속도로엔
눈부신 젊음이
하늘을 바라봅니다

램프의 도시

긴 부리의 새 한 마리
갈퀴손으로 움켜쥔 바위
파도가 철썩거린다
모랫벌에
함성을 내지르다
집으로 돌아간 아이들의
패인 발자국들
성난 바다처럼 누워 있다
바다를 품은 회색 도시
끈적이는 거미줄 불꽃처럼 태우고
오렌지빛 수평선
엷은 둔부의 살점을
허물고 있다
혼신의 힘으로 버텨낸
내 육신 갈가리 찢어낼 듯
날카롭게 베어낸
긴 하루

어느덧 저물고

가오리 어선들이

바다에 먹통처럼 떠 있다

해운대 파도 소리 · 1

잠시다
파도가 부드럽다
밤새
물 한 모금으로
적신 입술
사나운 꿈자리
해적이는 파도
눈물은 그새 마르고
마지막 나그네의 어깨엔
배낭이 있다
어선의 불빛을 하나둘
따다가
새벽 별빛으로
걸어 본다

잠시다
등대가 있는 바다일 뿐

마음을 비운
아비규환
파란 많은 그곳
그냥 눈물 없는 추억이다
가자
이 땅의 나그네
한 번 더 그대였다
바다는

해운대 파도 소리 · 2

삼층 모텔 창문 틈
썰물 밀물의 바다를
빌딩숲 사이로 바라볼 때
응접세트 의자 위에 놓아둔
배낭 속 책들은 깨알같이 눈을 뜨고
방금 내린 멀미는 가쁜 숨을 쏟는다
가슴을 열어도 보이지 않던 자정의 꿈
한줄기 등댓불 오감 진한 열기 솟아
푸른 밤바다 소리 내 온몸을 파고들 때
그 불빛은 새벽을 차단하고
타는 가슴속 모닥불 같은 생의 미련이
눈이 맑은 아이의 표정을 떠올리며
이젠 깨어나야 할 아침을 향해
홀로 가고 있다

해운대 파도 소리 · 3

조용히 접히는 파도
핏줄 속에 내리는 비우
너의 발치 아래
희디흰 발뒤꿈치를 깨무는 맹독
초록의 안무
속삭임은 아픈 몸짓이 되고
바람에 몸을 움츠린
황색의 등대가 잔물결에 밀린다
가슴속에 가두어둔 슬픔이 비로소 숨벅거리고
혼자 바다에 거는 마음
인내심으로 바라보다 돌아서는 나에게
바닷가 입구엔 봄꽃이 보랏빛으로 젖었다

아침 안개 · 1

크리스텔의 투명성을 바라본다
어제 먹다 만 음식 일회용 그릇들이
티테이블에 널브러져 있다
험한 잠자리와 이불 지난밤의 손님들
꿈으로 다가서던 바다를 씻어낸다
TV는 잠겨 있고 비디오테이프는 멈추어 있다
모텔의 불빛이 바닥에 깔려 번들댄다
당신을 잊기엔 너무 아득하다
곧 찬바람이 나를 바닷가로 불러내고
나는 마지막으로 바다를 바라보리라
단 하나의 추억이 당신의 어깨를 안고
깊숙이 넘어지는 뜨거운 파도
먼 시간의 출력으로 드러내는 흰 이빨
뭍의 짐승은 발톱을 세우는 무언의 함성
쓰러지지 않으려는 빈혈의 무게가
맑은 크리스텔 잔을 바라본다
잘려나간 문양을 쓸어 넣는 내 한숨

방을 비우고

남은 쓰레기 분리수거된 밤의 흔적들로

하얗게 돌아서는 바다

바다

아침 안개 · 2

개통한 오래되잖은 춘천역
잠시 방황하다 컴퓨터에
동전 오백 원을 넣고
무료승차권을 받았다
먼 길을 걸어가며
물어물어 찾은 곳이 아침 열 시
궁전 다실이었다

조금은 황당했다
간이역에 빗기운 서린 아스팔트
선산은 이 땅에 보이지 않고
안개의 하얀 팔을 붙잡고
조용히 눈뜨다

단풍

새파란 보료 위에
들꽃은 한창인데
모롱이에 앉아
가을 잎 떨어지는
빈 잔 새빨갛게 젖으면
우리는 영원한 무정부
시청 우중충한 뒷길
참혹하게 물든 하늘
가난한 마음에 깃드는
아름다운 잎

봄비

꽃이 자욱하다
시리도록 하얀 꽃
찬란했던 꿈 사명마다
어둠을 털고 있다
생의 찰나 죽음도 삶 같아
사철나무 밑을 혼자 거닌다
늘 돌아갈 곳은 집이다
싸락싸락 내리는 비
어제는 바다였고
오늘은 허공이다
어머니, 방금 실려 가신
당신은 병원 시트 위에 누워
영양제를 맞고 있다
가고 없으면 나는
둘로 나누어 살 것이다
나 하나의 그리움
당신의 쓸쓸함

오늘 밤은 별 없고
비 젖은 하늘만
캄캄하게 떠 있다
젖은 꽃들이 아스팔트에
떨어진다

슬픔이 흐르는 강

흘러가는 북한강
뽀오얀 젖가슴 사이로 여울지는
봄날을 홀리는 우윳빛 아미
싹튼 나뭇가지
멀어버린 겨울 눈빛
오색빛 물결 잠든 미몽 풀려고 몸부림한다
하얀 집이 있는 강 건너 모래밭
내 슬픔이 흐르는 강을 향해
바위에 우뚝 올라서니
물빛이 사랑한다고 사랑하라고
내 어둠을 보고 소곤거리는구나
나의 이 황혼도 더러는 쓸쓸한 봄길로
다녀가는 이별의 먼 초점
내 사랑은 잃어버린 걸까 잊혀진 걸까
젊음을 다시 더 한 번
돌아보면 풋과일 향내
아직은 모든 추억이 하얀

너의 얼굴 향해 다가가고 있지만
그리운 것은 슬픔이 흐르는 강
바라보는 우리 두 목숨
꽃으로나 피어 살아갈까 죽어갈까
초침 멎은 듯 화알활 끓어오르는 첫사랑
지금은 고요하게 떠오르는 화사한 봄
눈부신 마당 멍석처럼 쏟아지던 미련이
새하얗게 빛나는 언제나 슬픔이 흐르는 강

삶

그 어떤 형태로든 설명될 수 없는 것
미지의 광야, 종교의 섬, 행복을 찾는
발자국, 조용하라 삶만이 가리킬 수 있는
이성의 무덤, 사랑의 연민, 믿음의 깊은 침착, 영적 구애
삶은 당신만이 오를 수 있는 체온지수, 몰아의 투혼
한여름날의 꿈

가을 종소리

좁은 골목 돌아
우물 곁 지나
오징어 파는 동네 구멍가게
닫힌 문 지나
이슬 젖은 나뭇잎 돌아

뒤뜰 돌담의 틈서리에도
어릴 적에 다녀간
너의 여린 가슴속에도

거친 땅 젖은 땅
이끼 덮인 돌들을 밟으며 오는
이웃 가난한 사람들과
함께 듣던 가을 종소리

시골 숙박

그는 가끔 산중 도시로 온다
우리는 모텔에서 천정 거울에
온몸을 들켜버리는 나부들
어둠을 향해 삼십 분 동안
창밖엔 하얀 눈이 삽시에
쌓인다
꽁꽁 언 별이 송송 빛나고
긴 어둠이 지나간다
모든 것을 던져버린 겨울
피아노 협주곡이 들려온다
곳곳에 묻은 입술이
강처럼 조용하다
두 눈을 감고 나는 다리 위에서
강에게 가장 깊은 인사를 한다

끝끝내 허허로운 하늘
나는 게으르게 바람벽 거울 앞에서

화장을 한다
방안에 버려진 휴지처럼
하얗게 멍든 겨울이
구겨진 마음을 추스르고
그의 정맥과 그의 눈빛 사이로
날아 내리는 눈
오후 다섯 시 콜탈의 열기가 파고들고
혐오감이 내 전신을 추락시키던 어떤 여름날처럼
시골 모텔 밖 차가운 눈발이 되어
그의 발자국을 덮고 있었다

겨울 오작교

술
한 병
혼돈의 늪이지만
마음은 흡족했다

술에서 깨어나니
시가 술술 나와
구원의 사랑이
천국 계단을 오른다

왜 술은 시 한 줄로
강 흐르고
왜 술은 꽃 피는 새의
울음도 듣게 하는가
신은 포도주를 마시고
인간의 술은 진흙 속에
주옥같은 노래를 빚어내는가

한겨울 마신 술로
이십일 세기
오작교를 지어내지만
님은 천년 세월 흘러
아무도 없다

나의 술 한 잔
겨울 강추위 이겨낸다
아무 두려움 없이

들국화 편지

들국화를 사기 위해 화원에 왔습니다
들국화 흐벅히 핀 화원에서
당신에게 보낼 한아름 눈물을 봅니다
창문을 열면 보이는 그 꽃
편지 한 장 동봉하니 받아주세요
참 오랫동안 만나지 못했습니다
첫눈 오는 겨울 하얀 발자국에서
봄날 개나리 환히 핀 담장에서
여름날 그 동그란 어깨 위에서
가을이 오면 단풍잎에서
당신의 글썽이는 눈빛을 봅니다
오늘 보낼 들국화 한 송이
한 번도 부친 적 없지만
당신에게 보낼 편지 한 장 써 봅니다

너의 이름 석 자

들에 한세상 피어날 때
야생화라고 이름 짓네
불빛이 꺼져가는 저 강마을 이야기 익어
슬픔으로 들려오는 가을 빗소리
내 작은 우산 받치고 모두 잊겠네
돌아가자 몸은 가도
묻어둔 당신의 이름 흙이 되어
청춘보다 푸르다
풀잎처럼 푸르다

마지막 노을

일곱 시
기차가 막 플랫폼에 정차했다
강 건너 야색 짙은 건물이 먼 시야에 화사하다
어둠 속에서 쪽빛 하늘이 아름다운 밤이다
저녁 첫 별은 전화국 건물에 가려 보이지 않아
별들이 그리워 돌아서면 아무라도 사랑할 것 같은데
밭에서 일하던 사람들은 하나씩 집으로 돌아가고
가로등은 부드러운 흙을 남겨두고 불을 밝힌다
아파트가 보이는 언덕에서 아직 메마른 초봄
풀들만이 외롭게 휘어져
마지막 지는 놀을 전송한다

몸살

어깨가 뻑적지근하다
잠시 한 일이 피로를 몰고 왔다
많이 아픈 곳은 문학이고
편한 곳은 아류구나
제대로 아파야 시를 짓지
몸져눕기 전 미움과 사랑을 가르고
헤매다 돌아온 저 명동 뒷골목
애자의 휘파람 소리가 들려오는 곳
영화관람 도중 뻔한 대사와
결말을 보며 극중에 자동차 핸들 맨 앞쪽으로
내 몸이 기운다
접촉사고 아니면 사망
그러나 영화는 끝까지 평안하였다
늦가을 추위에 스카프 한 장
두르고 돌아오는 길에 어쩌면
사랑을 잃을 것
같은 인생의 몸살

아메리카노여!

아메리카노여
동화 속 수정나무여
밤비에 젖은 담배를 입에 달고
저 물결 희미한 빛으로
수면에 떨어지는 텅 빈 어둠
누군가 터미널 안개 속을 바바리
입은 뒷모습으로 돌아서고 있다
푸른 불빛이 노란 불빛 사이로
박하향을 뿜어내는 깊은 밤
핑크빛 레일 위로 차량들이 달려간다
아메리카노 저 멀리 헤어진 친구들
사랑이 슬며시 내 추억을 떠나고
소네트를 부르는 밤
기타 소리에 섞여 너를 찬미하는
오늘은 상처 입은 작은 짐승처럼 앓고 있다
잠은 죽음처럼 오고 아메리카노의 커피잔이
하얗게 비어간다

이제 눈뜨는 생애의 가슴이 조용히
등을 펴며
오늘도 비가 내린다

유포리

어두운 방안에서 촉수 낮은 스탠드 불빛을 끈다
백내장 수술 후 시력이 0.7로 떨어졌다
내면에서, 떠다니는 강물 및 환상이 수많은
별들처럼 반짝이고 있다
백내장 별빛들이다

웃음 짓는 젊은 사진을 태울 때
목숨 하나 바위처럼 금이 가고 있었다
죽음으로 항변되는 사양의 낭만성이 보랏빛으로
물들 때 샛별이, 하나
조그맣게 담장을 기웃거리고 있었다
새알꽃과 담장 밖 작약꽃
나는 발길을 돌려 유포리 버들치 농장으로 달려갔다
소울음 소리에 내 발길이
멈춘 곳은 외인금지 앞에서였다
느닷없는 공포에 휩싸인 나는
재빨리 그곳을 돌아섰다

그리고 울창한 마을이 푸른 산과 마주친다
향기에 눈뜨고 검정 호랑나비의 날갯짓을 발견한다

소리 없는 여우비 조용히 흘러가는데
다음, 비가 내리면 우산 하나 손에 들고
이곳 조용한 마을, 유포리로 돌아오리라
새알꽃, 작약꽃 향기에 젖어 가리라
농장 곁에 쌓인 전지목 땔감을 지나
내가 탄 시내버스가 시동을 걸고 있다

추억

미운 오리처럼 뒤뚱거리다가
물을 만난 백조처럼 고요히 흐르다가
풍경 속을 유유히 벗어나는 봄
아무려나 오솔길 따라 나에게도
이 모든 세월을 되돌릴 수 있는
고마운 그리움이 있었다
처절한 사랑도 눈물도 이젠 잠 못 드는
모든 날들 속에 추억이 되어
물을 타고 노는
달빛을 안고 있는 이슥한 밤
꽃송이 하나 땅을 향해
스러져 간다

지금은 비

언덕 위 어제 내린 눈이 버짐처럼 깔렸다
산은 눈과 나무로 채색되어 고즈넉하다
차량은 저문 다리 위 빠르게 달린다
어디로 갈까 생각하다
그 어디로든 갈 수 없는 우리는
카페에 앉아 담배를 피운다
호수 위 검은 청동상
봄 낚시꾼같이 옥빛 우산을 내려다본다
떠나간 그 무엇을 위해
이 빗속 조그만 심장처럼 뛰다
눈비에 가라앉는 저문 가슴
하늘이 산등성 위로 조용히 넘어가고
카페 촛불이 달무리로
엘비스 프레슬리의 팝에 섞여 흔들리고 있다
호수 살얼음 같은 비가 오지만
여기는 공지천
허망한 가슴속을 울려오는 저녁 다섯 시
장식 벽에 에티오피아 여인들이 봄빛이다

우주의 역사

어디서 바람이 밀려올까
오래된 우주의 눈금
별은 인간의 미래를 끝없이
끌어당기고
메마른 영혼을 적시는 빗발
새벽녘 유리창 밖을 걸어가는
구두창에 튕기는 빗방울은
묘한 그리움을 일으킨다

죽음과 삶의 나이테
어제는 사랑이 중요했지만
결혼이 인간을 서로 묶는
다정한 꿈이라면
오늘 홀로 이 빗길에 서 있는
황혼의 느낌
외로운 영혼
피아노 샤프 악보처럼

오렌지빛으로 길을 연다

개처럼 죽음을 택한
어느 젊은 시인의
이야기는 삶이 얼마나 하찮고
왜소한가를 보여준다

사후는 모든 진실과 허를
풀어내겠지만
창밖을 걸어가는
빗물에 담뿍 젖은
나무 담장 밖
지나가는 구두 한 켤레를
사랑한다
이름 없는 시인의 이야기는
빗줄기 속을 걸어가는
나의 단순한 정서일 것이다

우주여
금잔화 한 송이
초록빛 노래
맑은 날 다시 만날까
빗물 터는 구두창
풍성한 물의 하루를
바라본다

나는 한 남자의 구두
밑창을 홍건히 털어내는
비
우주의 그 건장한 두 어깨를 영원히
훔치고 있다

첫 별

사랑하기
참으로 사랑하기 어려운 날
푸른 하늘을 전신주에
걸어두고 돌아오는 저녁
첫 별이 유난히 반짝였습니다

한 송이 백합

전집을 계간지로 바꾸었다
책꽂이가 현대판 전문지를
한껏 뽐내고 있다
생전 안 들을 것 같던 트롯 가수의
노래가 요즘 내 가슴속 휩쓸고 있다

출혈성 위장염 진단을 받은 지 석 달
쌀미음을 먹으며 진짜 환자 생활을 한다
친정어머니께서 손수 해주신 음식이다
사람이 나이를 먹는다는 것이 이런 것인가
한창 쓸쓸한 연륜이시다

유리창 밖 흐린 날씨
아스팔트 위에 사람들
저 머리맡에 성서가 무용지물이 될 때까지 살고 싶다
인류를 이천 년 동안 지배해 온
누가 알 것인가 그 뜨거운 가슴을, 그 무한한 사랑을
한 송이 백합에게 던지던 신을 향한 순정을

슬픔이 되련다

즐거운 날엔 한없이 즐겁고
아름다운 날엔 더없이 아름다웠다
그리운 마음 하루에도 수십 번씩 오르가즘이
치솟다가
누군가 기다리는 저녁엔 춘천역까지
콜택시를 부르고 그리운 당신은 언저리 어딘가에
이제 막 바다를 건너온 비린내를 풍기고

잊히지 않는 장미 한 단이 넌즐거린다
나는 더 이상 당신을 그리워하지 않는다
내일도 강물은 흘러가고
카페는 그 자리에서 그 저녁을 지켜
보고 있다

사슴 한 마리, 뿔 위에 앉아 우는 황금빛 놀
먼 곳을 바라보는 슬픔이 되련다

눈물

눈물은 당신을 축여준다
봇물 터지는 제방의 물처럼
당신의 볼을 타고 내리는
오아시스
사막을 걸어가듯 뜨거운
이별의 슬픔
아직 가슴을 통과하지 않고
무덤덤하긴가
당신의 두 볼을 적시는
당신의 심장을 뛰게 하는
당신의 메마름이 아닌
늦봄 논물 같은
파란 싹을 내어 보자
펑펑
울어 보자

바람이 우수수

바람이 우수수
소양댐의 숲을 휘저을 때
여름날의 마지막 햇빛이
파란 호수를 지키고 있었다
심연의 바닥 끈끈하게
짓누르는 그늘이
소양댐에서 카페 슬기둥까지
침노할 때도
우리들의 젊은 모습은
노을 진
하늘까지 걸어오를 듯
온몸을 붉히고 있었다
사랑하지 못해서가
아니라
사랑이 젊음을 떠나고
있었기 때문이다

푸른 꽃

촉촉이 내리는 비
한 겹 깔고 엎드리니
푸른 꽃들이
푸른 눈물이
실안개 피어오르는
새벽을 걸어 나온다
나무와 들꽃 속을
바람 속에서 돌아온
통나무집의 굴뚝엔
비릿한 너의 눈빛
지구의 단잠을 깨우며
내가 만나고 싶은, 만지고 싶은
너의 살이 다시금 추억을 헤치고
돌아와 있다
어디에도 없지만 어디엔가
살아 있다는 것에 대한 그리움이
아름다운 그대

울지 마라

죽어도 슬픔이 없고
가진 것 없어도
고프지 않던 믿음

울지 마라 주인아
외로워도 울지 마라
다 안다
외롭고 슬픈
너의 착한 두 눈동자
어느 먼 산 구름이기에
이토록 아프게 달려오는
길이냐

가을 · 1

밤공기가 차갑다
벌써 어깨가 시리다
바쁘게 지나가는 거리의 차량들
질편하게 달려가도 내 마음의 꿈은
쉽게 떨리지 않는다
진실과 거짓 사이로 오고 가는
끔찍한 순간에 구시월 찬란한
꽃들이 잔바람에 흔들릴 때
아, 나는 그뿐
마냥 그립지만
그건 불고 있는 바람일 뿐, 바다일 뿐
가녀린 갈대꽃이 바다의
쓰린 몸을 흔들며
울고 있을 뿐이다

가을 · 2

쉬어가라고
들꽃이 흔들리고

따스하라고
갈 햇빛 눈부시다

길가 돌 위에 앉아
바람마저 젖는 두 눈빛

두 손 모아 가을을
기도하라네

그대 그리우면

그대 그리우면
낡은 몸 열차에 태워 도시로 간다
썰렁한 명동 후진 커피숍
보들레르가 난꽃으로 피어난다
잃어버린 추억이 각혈한다

밤눈

처음 가로등 불빛 아래에서 널 알기까지
짧은 시간이 걸렸지
안개처럼 안개꽃처럼
휘황히 날아오르는 겨울눈은
한 도시의 뒷모습, 그리고 눈의 노래

시디를 주문하고 돌아오는 길에
하얗게 내리는 눈 속에서
바람같이 너를 보았다
빌딩과 집 담장과 가게의 불빛들이
이토록 열렬하게 토해내는 너를 부르는
우주의 신통력을 보았다

늦은 텃밭에 심은 마늘 위로 눈이 쌓여가는 것을
나는 차디찬 밤에 몸이 시려 떨고 있었다
커다란 안개 나라, 안개꽃 팝콘 튀김처럼 눈부시게
날아오르는 눈가루

소낙비 · 1

어디선가
영롱한 연가
울려 퍼지네
동트는 하늘 아래

구 센티 불씨
지하수로 흘러가는
늦은 밤
이젠 홀로 누워 보는
누군가의 발뒤꿈치

구두창
젖으며 빗줄기 튄다
유리창 맑은 새벽
울리는 혼
사랑할까
미워할까
수많은 질문

소낙비 · 2

질펵하다
차 한 대 지날 적마다
아스팔트는 몸부림친다

잠시, 빗방울과 위장염
위 속을 검사하는
가스트로스코프
억세게 퍼붓다
그친 적막 속에서
한 방울씩 쓰러지는 알파벳

시의 제자

시 속으로 난 길
풀꽃이 피었네
바위 아래
맑은 물이 흐르네
하늘엔 햇빛과 미풍이

나는 시를 갈아 돌칼을 짓고
토씨는 공깃돌처럼 내려가고 올라가고
새는 날아와 형체 없는 바람이 되어
내 뼈와 살을 불 속에 처넣네

부활한 시의 가마엔
통나무 불씨로 뜸을 들였네
영원히 타는 연옥 다름없을 때
내 시는 살아 진하디 진하구나

너무 살이 쪄 다시 베어내야겠다

보청기 트로트

어머니는 아침을 준비하신다
더덕무침을 프라이팬에 볶으며
들리지 않는 두 귀로 음악을 듣는다
크게 틀어라 안 들린다
창문 사이 언덕 집 기와지붕이 보일 때
트로트가 한 평 부엌을 울려대는데 글쎄
그게 그런대로 맛이 난다
트로트에 귀를 붙이고 감칠맛 나는 대로 듣는데
국산 보청기는 하나 마나라 한다
내 주머니 몽땅 털어도 턱도 없는 보청기다
콩알만 하게 철렁거리는 보청기 트로트
어머니는 들리지 않는 두 귀로 듣고 있다

벚꽃 공원

저 강 제 살을 초록빛 섬광으로 기워 입고
진달래빛으로 단장한 꽃의 여명을 좇는다

물에 비친 벚나무
손가락을 넣고 휘저으면
비린 이끼 돌들은 술렁거린다
저 먼 곳까지 건너가고 싶어
먹을 찍어 글월을 보내면
갑자기 작은 섬 하나
눈을 끔뻑이며 정겹게 출렁인다

공원을 혼자 걸어가면
어느 시인의 황혼이
똑딱 시계추에 걸리어
멀어져 가고
꽃은 제 몸 하늘 향해
온통 아우성인데

봄내음

바닷가 푸른 파도
백사장을 걷습니다
바람결에 흩날리는
짧은 머리카락
당신은 내 시를 들으며
천천히
눌변으로 전화를 받습니다
봄바다
봄내음
파도가 숨막히게
내 가슴을 밀칩니다
나는 갑자기 두려워져
이상한 나라
바닷가
아이들처럼
깔깔대며 놀다 갑니다

사랑의 슬픔

떠나는 모든 것은
겨울 한철이 아니다
열차는 내가 철들기 전부터 떠났고
지금도 떠나고 있다

열차 떠나는 소리
아늑해질 때마다
사랑을 꿈꾸곤 한다
오직 떠난다는 이유만으로,
달빛과 산과 바다 강
가지마다 눈을 터는
푸른 딸기나무를 위하여
모든 자질구레한 것들을 버리고 싶다

눈은 시를 위하여 아름답지만
하얀 눈 위 발자국은 세속 찬미와 같다
한 잔의 술과 돌아서는 님처럼

아름다운 것은 더 없지만
인연을 끊고 깨끗하게
돌아설 줄 아는 이의 가슴은
사랑은 슬퍼도 용기 있는 모습이다
비록 하얗게 눈 내리는 아스팔트지만
인생은 아름답기 위하여
노력하는 것이다

바람의 꽃

창밖에
흰 눈이 보인다
기다림이
추억의 침묵이 보인다
내가 내린 간이역 작은 식당에서
비록 가슴팍으로 봄 햇살이 내린다 해도
잃었던 기억 하나가 내 머리를 혼란스럽게 해도
남쪽으로 난 문을 열어 오솔길을 걸을 수 있다면
남은 희망 하나로 살 수 있다면

진 꽃잎이 밝은 눈짓으로 갈 길을 예비해도
앙상한 느티나무 숲 사이로 지나치는 바람에도
신성한 뒤뜰에 대하여 가슴을 열어젖히는 날
잊었던 친구의 갑작스런 전화는 나의
모든 기억을 되돌려 놓는다
시간의 지혜를 바라보는 빛나는 두 눈
미래를 감지하는 모든 가능성을 위해

바람 소리로 피워내는 불꽃
햇살 아래 오감을 여는
꽃 지는 그늘도 멈춘 오직 흔들리는 들창문 밖
돌담에 쌓인 눈 가랑잎
조용한 시간 속으로 걸어가는
그저 바람 소리일 뿐인 하루
창밖에 흰 눈이 내린다

목련꽃 계절

황혼은 얼룩진 그림인가
보랏빛 인생의 조명인가
들녘을 바라보는 두 눈 가득한 눈물
서로 사랑과 미움에 불타던 성장인가
잘못 걸어와 서로 떨어진 별들인가
소양강 하얀 비단길 그 봄빛 마을
개간되어 보이지 않고
나는 돌아갈 길 따라 아파했지만
지금은 그 이별 아프지 않아
오랫동안 머물던 목련의 낙화 시든 들길 너머
저 언덕 젊은 목자 별을 헤며 기도하던 뜨거운 날들
가녀린 손목 동맥은 흐르는데
당신은 어느 별자리 우주의 위대한 길 가늠하며
마지막을 노래하는가
새벽 뜬눈으로 잔인한 날의 노래를 듣고 있나
우리는 사랑과 인생의 조명을 마저 지우며
송송송 밟고 가는 목련꽃 계절

포스근하게
비 오는 저녁
사랑하던 사람의
이름 꽃잎 아래 쌓이고
내 옛날이 조용히 졸고 있다

저 멀리 들려오는
사물들의 움직임
사람의 가슴에도
자욱하다
사랑은 낡은 책상과
책꽂이에 꽂힌
옛 책이 되어 있다
친구는 소식 없고—
저 눈 쌓인 산간 마을
혼자 사는 이의 가슴
메마른 장작처럼

차가운데

꿈인 양 따뜻한

고향의 하루

꿈

카푸치노 한 컵이 따뜻하게
내 식도를 흘러 내려간다
노랑 · 빨강 · 하양
느티나무 아래 주차된 차량들
잎 떨군 나뭇가지 어둠 속에 아우성인가

한 남자의 아랫도리를 풀어내는 어둠
가장 밝은 피부색으로 모든 가중스런 까닭을 담은
접두사 남자와 꿈과 날카로움
어디론가 돌아가는 두 중년 부부의 다급한 발걸음
열린 문 안쪽으로 소방차 한 대가
잔바람에 쓸리운다
멀리 아파트 마지막 불빛이 사윈 밤하늘
높이높이 부풀어 오르는 그의 꿈

불꽃

해거름에 길이 먼
떨기나무 아래 그 옛날
반짝이는 웃음으로 사랑할 때
호수를 바라보던 유리창 밖

흔들리는 물결보다 더
푸른 밤이 있었습니다
내 몸의 반은 집으로 가고
내 몸의 반은 남아

당신을 이기기 위해
당신이 눈빛을 감출 때까지
섬은 아직 초록빛 부끄러움을
가득 싣고 삶과 먼 침묵
뜨겁게 되살아 오르는 선율
꽃상여의 불꽃같은 가을 마지막 별
저 혼자 붉은 그림자되어

첫 별 위 홍건히 고이는

가슴이고 싶었습니다

북카페

오래된 책, 책꽂이에 꽂히고
그녀의 많은 남자들이 바둑내기하는 카페
살아 있을 때 고운 눈빛 웃음 짓던
여주인 암으로 가고 말았네
가난한 시인들에게는 찻값을 줄여주는
선한 마음 따사로웠네
일평생 고생만 한 그녀에게 남겨진 삶
달콤한 석류로 입술을 축이다가
낡은 책들의 이야기 바라보다가

노래

비 내리는 밤거리
이빨 헛도는
보도블록 하나

짓밟히면
으윽……
구정물 토해내지

가로등이 그 피울음 달래고 있지

네온의 메시지

김장은 지난 십일 월에 담갔지만
봄철이라 실대로 시었다
낮은 담장은 비에 젖고
푸성귀를 심어 먹던 텃밭은 김장독을 묻느라고
파헤칠 대로 파헤쳐졌다
널린 이불깃은 다 말라 마루 위 빨랫줄에 접어
널리고 길 건너 호텔은 다시 손질되고
당사의 플래카드는 대형 글씨로
우리들의 눈에 확연하다
봄비에 젖은 네온의 십자가 교회 종탑
가장 높은 곳 흐린 구름 낀 하늘은
음울한 신의 침묵을 빗줄기가 대신한다
이젠 저 높은 곳에 미련을 두지 말라는
우리 시대의 타락한
민중의 신은 어떤 구현에도 말이 없다
사월은 봄
봄비 내리는 뜨락 낡은 의자에서

나는 풀꽃이 눈뜨는 숨은 희망과
어둠 속 우리의 소망이 서로 일치하는
두 신을 발견하고 있다

수술실

살을 여는 절개의 혼절
착란의 창구에 밀어 넣고
겨울을 깨문다
모든 준비를 끝냈다
몇 개의 구멍을 뚫기 시작한다
육신을 고통에게 내어주고
검은 음반에 속도가 예리한 벼랑을 탄다
별에 대한 동경과
십자가 위에 희생이
천천히 학살된다
현재의 나락을 거센 물살과
승전의 작은 나팔소리, 떠들썩한
과녁을 꿰는 허약한 해몽을 벗고 싶다
뼈는 숨을 고르는 사이
언덕을 추락하는 꿈꾸는 구명보트의 어지럼증
하얀 가운의 전사는 긴 숨을 내쉬며 멈춘다
혼란을 겪고 난 뒤

엘리베이터의 좁은 공간에서 다섯 면을
바라본다
무개성한 육신을 입원실로 이동한다

사진

푸른 숲 속 물가에 앉아
맹더위를 식힐 때
하얀 얼굴 내 꿈나무는
앨범에서 떼어 놓은
젊었을 적 사진 한 장을 보며
누구냐고 누구냐고 꼬치꼬치 묻길래
나도 너무 먼 그 시절이
송구스러워 너무 아련해
엄마의 청춘이었다고 말했다
지금의 엄마와 젊었을 적 엄마가
왜 이렇게 다르냐고 묻길래
멎어버린 시계바늘같이 견디며
사느라고 그런 것 같다고 대답했다
아들은 연인처럼 설레인다고 말하며
흘러가는 물줄기를 바라본다
내 이마에 스치는
아들의 눈빛이 저 멀리 흘러가고 있었다

안개 속에서

가느다랗게 밤눈이 떨어지고
하늘이 내어준 흰 옷자락을 끌며 투명하게
화장을 지우는 안개
조용히 다가와 속삭이건만
그건 안개의 젖은 여운일 뿐
너는 어디에도 없고 사랑만이 내 찬연한 정원에서
푸른 발자국을 떼내며 영혼의 상처 울려댄다
추억은 남아 있어 내 꽃은
이 행성에서 가장 신비하다
안개는 새벽이 돼서야 주섬주섬 옷자락을 접는다

눈부신 아침 햇살이
분수령처럼 저잣거리에서 빛나고
내 젊은 날이 가슴속에 불타고 있다

봄날

벚나무와 버드나무가 서로 뒤엉키어
웃자라는 이 밝은 날
나는 향기 깃든 꽃으로 피어
저 출렁이는 강물을 언제까지나 꿈꾸고 싶다
온몸으로 부서지는 저 화안한 햇빛
동정의 허리께로 생전의 강을 붙들고
어릴 적 노래 부르며 흰 구름 따라
흐르던 강
가없는 봄날 저편
밤이 오면 달빛으로 너의 이름 부르나니

공지천 갈대숲

한껏 눈부신 가을 갈대숲
거칠은 자갈밭에 고개 젖은 허수아비
수면에 초록 벨벳 오묘한 화폭처럼
고혹을 그려냈다
우주였던 당신의 고뇌
호수의 파문 일렁이는 갈대
고추잠자리 호수를 사랑하고
느티나무 밑에 작은 소주잔
기울이는 가난, 낭만
청춘 고갈의 상처
겨우내 움 같은 외투를 벗고
모든 사내들의 식욕에서 건져낸
은빛 언어들

우기

초여름 잡풀들이 사랑을 맵시 있게
품은 것도 아닌데 저도 초록이라 하네
소나무에 담장담장 기어오르는 담쟁이
숲 속 저 편 밥풀꽃 건너 저 혼자
몸서리치다 멎는 포플러
열세 개 등을 켠 들녘의 카페는 또다시
접은 우산 속을 거닌다
사라진 세계를 향한 우리들의 영혼은
어느새 허물어버린 당신의 정원 돌담 사이로
소리 없이 돌아서고 있다

풀꽃

황사가 어금니에 씹힐 때
그 살벌한 바람에 온 혼을 내어주며
목숨을 키웠다
죽을 둥 살 둥 내 몸의 부피를
떠안고 살았다
강남으로 간 친구는 바람결에 소식을 전해오고
당신은 거칠은 황토에서 뜬눈으로 산 향기
연한 줄기와 잎과 꽃잎을 열며
온몸으로 달아오른 당신에 대한 미련을
밤마다 둥근 달빛에 걸어두었다
미안하다고 미안하다고
내 뿌리는 깊숙이 땅속으로 뻗어내리고
단 즙을 빨아올리며 생이 애절해
빈 벌판마다 바람에 떨어져 나간 제 육신을
더 멀리 퍼뜨리고 있었다

가을 나뭇잎

나뭇잎이 횡단보도에 구르고 있다
은행잎도 섞이어 부서져 날개를 짓이기며
오가는 이마다 조용함과 맑은 공기와 가로수가
인상 깊다고 말한다

마음속 공터에 떨어지는 가을은 몹시 쓸쓸하다
잔걱정에 하루를 마감하는 늙으신 어머니의 투정을
짧게 자르듯이 집을 나섰지만
한 귀퉁이 음악 다실에서
무너지는 하늘을 바라본다
바이올린의 선율을 들으며
산의 숨찬 고행을 달게 맛보는 늦은 가을
다시 집으로 돌아가는 이 횡단보도에 떨어진
나뭇잎 행진들

바닷가

바다는 혼자 출렁인다
갈매기 울음소리에 가슴속 초막을 들이고
바위 뿌리 다지며 영혼 석탑을 짓는 푸른 바다
별을 헤는 젊은 목자의 창가에 떨어지는 촛농
그리워 두 팔로 안기엔 너무 큰 바다
날개 대신 갈대로 흔들리는 바닷가 작은 집
하늘은 높고 바다는 어둠으로만 깊다
서로 그리워하는 먼 바닷가와
두고 온 낭만이 바람에 씻긴다

갈대

고추밭 철조망 안에 갈대가 흔들린다
바다를 향한 허기진 손짓
두고 온 파도
단 둘이 걸었던 갯벌
비린 손을 포개며 눈물 베고 잠든 바다
철조망 흰 구름, 저편 푸른 하늘
자유의 심안을 통해 날아가는 바람
갈대는 멀리 바다의 실종 소식을 듣는다

유람선

선창가 유리창 앞에서 나는
붉은 즙액을 토하고 있다
몇 개의 섬이 보인다
그리운 사람들이 하나둘 지워지고
나를 그리워하는 이는 육지에 있다
멀미로 잠시 벽에 기대어 있다
객석 사내들은 식은 땀내에 젖고
선반 위 아동구명의가 빽빽이 접혀 있다
배터에서 걸어 내려와 시내버스를 탔다
가슴은 아프겠지만 사랑하지 않는
무심한 세월 속으로 잠적할 것이다

이탈

당신은 일찍부터 날 떠나고 싶어했지
빈털터리여
이 광막한 빌딩의 도시 한복판에서
검은 코트 깃을 올리며 맹목적으로 달려드는 나를
당신은 언제부터인가 사랑하기 시작했지
서울 한복판 공원 벤치에 앉아
어둠 속 연인들의 입맞춤을 감상하는 우리는
더러운 향기에도 도취가 있었을까
깨끗한 이불 속에 부풀어 오른 둔부는
밝은 서울의 가로등을 껴안은 것보다
덜 아름다운가
겨울은 가고 봄 하늘에 날아오르는 흰 꽃들처럼
아! 여전히 당신을 사랑할 목적을 얻으며
나는 아침마다 양치질에 열중했지
여름이 오자 나는 잊혀지는 연인을 질투하며
거리를 걸었지
당신의 빈자리에서 값싼 술 냄새를 풍기는

당신보다 검은 피부의 남자의 목쉰 잠꼬대를 들으며
그 새벽은 내 일생 중에 악몽이었고
일찍 떠나야지 오랜 습득의 파티처럼
누워 있는, 오! 싫증

헤이즐넛

거나하게 취해 쓰러진 날
비실거리는 가슴을 뜨겁게 달구어
어느 찻집 창가에 기대던
주전자가 끓고 있는 난롯불 위
아지랑이
구둣발을 빗물이 따라가고
흐뭇한 가슴께로 전송하는
사랑했던 사내의 넓은 어깨
이젠 아프지 않아도 되는 만추
오늘 천국 어디선가
지옥으로 떠나는 우주선 하나
가스등불 밝힌 카페에서
헤이즐넛, 지옥에서 마시는
찻잔 둘

강촌

낯선 곳에서 핫초코를 마신다
아이보리색 커튼 사이로 이제 마악
문을 연 건너편 식당을 바라본다
누군가 카키색 옷을 입고 자리를 하고
어린아이의 작은 줄무늬 옷이 다시
자리를 옮긴다
카페 스피커에서 랩을 들으며
나는 슈퍼를 나오는 손님을 바라본다
옛노래와 지금의 노래가 서로 섞이고
일부 건물이 조립식인 이곳은
내용물도 일회용일까
아, 사라진 숲과 냇물은 어디로 가고
저 멀리 촌락을 개조해 빌딩을 지은 사람들
허황한 유원지에 초고속 성장을 꿈꾸는
젊음을 멀리 바라본다
석양길을 접으며 그리움을 삭제한
홈페이지로 다시 달려가고 싶다

회상

시 몇 편 적어 보내니
답장하세요
빈 우체통에 편지 적어 넣고도
당신의 잊혀진 이름을 적지 못했다
꽃대궁 살랑살랑
바람만 불어도 하얗게 핀 꽃잎
너무 순결해 꿈속으로 난 길로
내 발걸음 천천히 옮겨가네

통나무집 바람벽에
시 몇 편 적어 붙이고
독신처럼 지켜낸 길
서신은 없고 텅 빈 숲 속
돌 위에 앉아
너의 이름 찾아 헤매는
세상 끝에 가면
어느새 눈물로 바뀌고

샛별 향해 흐르던 음악의 대화
오늘은 쓰린 추억으로 마음만 산란하다
네 이름 내 이름 그리움의 꽃내음
바구니에 가득 담아
자유 사랑 낭만의 술 하얗게 빚어
아까시나무 초여름 기타 소리에 맞춰
꽃술 취해 부르던 초저녁 노래
자꾸 흔들려 둘이 기대어 걸어가는
추억으로 가는 길

솔산 가는 길

불면의 새벽을 빠져나온 도시에서
울창한 숲을 향해 버스가 떠날 때까지
나는 멀미로 가슴이 다 타버렸다
유유히 흐르던 강줄기로 뒤돌아본다
그 많은 물이 이제 어디로 흘러간 것일까
산허리 웅얼대는 가을바람은 알고 있을까
깊은 골 아래 가라앉았다가 높이 고개드는
통속한 세상을 등지고 구름인 양 피어나는 들꽃
아무도, 단 한 세상도 든 적 없는 저 준령

램프

호수 위 안개를 걷어내며
은빛 램프가 보였다
호수 끝 식당 의자에 앉아
허공을 보고 있었다
하얀 깃발이 호수 가득 나부꼈다
산들은 아직 안개에 휩싸여 있었다

차 한 잔 마시고 일어서니
램프는 없어지고
아침 해가 하늘에서
밝은 웃음으로
내 등 뒤를 따라오고
있었다
당신 어깨를 스쳤듯이

공지천 야경

이 휘황한 밤의 정령은 무엇인가
어둠 속에서 섬 하나 눈 속에 묻혀
알 수 없는 호수의 멈춘 시간 속으로
내 심연을 흔들던 당신
외로움의 기암절벽을 쏘다니다 보니
이제서 청춘을 벗어버리고 오니
저토록 수면을 칼질하는 자극된 세계가
가슴 곳곳을 쑤시고 있다

시퍼런 진홍의 불빛이 의미 없는 자세로
물든 야경
수정나무의 투명한 빛과 초록나무
여경의 파멸을 빚어내고는
내 이마 어딘가로 바람에 쓸리우는구나
머리카락처럼
태공의 손을 미동케 하던 물고기들은
배낭을 입에 물고 바다로 갔나

저 깊숙한 수면 별빛도 달빛도 아닌
마지막 숲
나도 저 지배의 원리를 바라보며
우주를 향해 종이비행기 날려볼까
눈보라 꽃보라를 지나 가슴 저미게
헤어진 사랑마저 바람에 날리겠구나
휘황히 번득이는 공지천의 야경을 바라보며
영원한 것을 꿈꾸는 청춘의 허물을 보는 것 같다

두미르 앞에서

내 기억이 웃고 있다
되살아난다
사랑과 가을볕이
잘 버무려진 옛날

태고처럼 고요하다
햇살은 가랑잎 하나에도
쌓인 나뭇잎에도
두 눈을 질끈 감는다
손님은 아직 아무도 없다
잠긴 문 앞
텅 빈 의자 몇 개
허리를 젖히고
허전한 몸뚱아리
바람을 안고 있구나

잔바람에 덩굴줄기가 흔들린다

잠자리 가을아 날아다녀라
저 물든 나뭇잎은
이 계절을 다해 떨어지려면
또 몇 날이 걸릴까

테라스 끝 외등이 거뭇하다
끔찍이도 가슴 앓던 젊음의 외로움
울렁거린다
떠날 때만이 너를 갖고 싶었다
나는 곧 일어서야 한다
갑자기 불어오는 바람에
두서없이 떨어지는 가랑잎
어릴 때 오수 같은 이 적막감과 슬픔은
나른하다 돌아온 그리움

이제 나는 번화한 거리로
떠나갈 것이다

오, 오로라 도시의 무지개
그곳은 내가 사랑하던 길
슬픔에 어리어 빛나고 있구나
낯선 그리움

취화선

오늘도 너의 생각
짧은 인생의 지즙은 웃음
너를 향한 순결의 향거는
푸른 하늘, 우리, 친구
너의 노래는 날개, 부리, 혀

가난한 자의 노랫소리 호롱불 심지
하얗게 피를 빨리는 세제의 향

무엇으로 너를 대할지
어떤 사랑으로 너를 빛낼지 모르지만
개통한 지 얼마 안 되는 지하철
눈물 젖은 강 건너 당신의 목숨 다한
몸 공양 국화로구나
해 뜨고 해 지는
우린 다시 너에게로 가고 싶구나
술 취해 꽃 핀 아침
간밤의 운우지락이 문전에 있네

먼 타향살이

무전여행의 벌판으로 달려가고 싶습니다
어둠과 밝음이 춤을 추는
꽃은 아직 피지 않았고
나의 얼굴도 더 이상 아름답지 않습니다
벗들은 달리는 화물열차에
몸을 맡기고 늦게는 하얀 들풀이
보송보송 치를 떠는 날
봄 호수는 어디에 있나요
펠리컨은 어디에 있나요
단 한 번쯤 술을 마시고
한 접시의 안주를 더 시키고
인적이 뜸한 내 가슴속엔
절 탑을 향해 오르는 땀방울이 있습니다
나는 가버린 사랑 따위 안 하렵니다
어디선가 슬픔의 줄기가 밀려오고
슬픔은 가엾은 짐승의 본능을 발전시킵니다
나는 아주 먼 타향살이 떠나갑니다

당신은 나의 슬픔

구름 따라 떠도는
걷다가 스치는 들꽃도
당신의 손짓 같고
산 노을 지는 해
나무들 사이사이
당신이 그려 놓은
숲 속 화폭 같습니다
캄캄한 어둠은 무엇인가
세상 슬픔도 그저 저무는 밤
갑자기 빗줄기 쏟다 마는
들창문, 후드득 흔들어대고는
바람 결을 그냥
지나가 버립니다

개망초꽃

한때 고운 너의 얼굴
사랑했지만
그리운 것은 너의 가슴이 아니라
꿈이었지만
조금 남은 술잔 비워 온통 휘젓지만
떠나지 못하고 남은 나는
더 이상 꽃잎들을 미풍으로 흔들지 않고
오솔길 초록 나무 사이로 흔들흔들 걸어갑니다
조금은 너를 사랑하고
그 외로움 쓰레기통에 처박고도
나는 아무것도 아프지 않습니다

사랑의 계절

악보를 보며
줄을 튕기는 기타
달빛은 교교한데
밤바다가 가슴의 벌판을 휩쓸고
그중에 노래가 있듯이

담배 진열장 앞에서도 음악은 울리고
춤추는 카바레의 바람둥이들이
밤늦도록 향기 진한 껌을 사며
나는 알고 있었네
가장 고상한 사랑의 기다림을

애완견의 털을 깎은 뒷골목
술안주는 돼지 창자
언덕 위에 집 한 채
내가 돌아가는 길

■ 작품 해설

아름다운 정신, 사랑과 슬픔의 변주곡

조 운 아
(문학평론가)

1.

일찍이 관심을 두었던 시인의 성장을 확인하는 건 매우 반가운 일이다. 박수련 시인이 오매불망 바라던 첫 시집의 출간 과정을 지켜보고 있노라면 인간의 꾸준한 노력과 도전은 이런 결실을 맺게 하는 것이구나, 라는 감탄이 절로 나온다. 분열된 정신을 머금은 그가 쪼개진 영혼을 부여잡고 시인으로 당당히 세상에 나왔다.

그렇다. 박수련 시인은 조율이 되지 않은 현악기와 같은 상태, 즉 조현병調鉉病(정신분열증)으로 삼십여 년 가까이 정신의 뒤흔들림을 겪고 있는 사람이다. 심각한 망상과 환각이 따라다녔으며, 사람을 알아보지 못하거나 소리 없이 웃고 울기를 몇 년이고 계속했다. 형제들마저도 줄줄이 같은 병을 앓는 기막힌 운명의 주인공이라니. 그러나 다행스럽게도 시리고 메마른 삶이 재촉된 상황 속에서 치료제로 주효한 것이 있었으니, 그것은 바로 '시일기詩日記' 였다. 온갖 약물도 요양원도 회복의 기쁨을 주지 않았으나, 지인(고故 조영호 시인 · 서예가)이 권유한 시 쓰기만큼은 누구보다도 영롱한 정신을 들게 하였으며, 어둠을 헤쳐 나와 온전함을 향하게 했다.

절망 속에서 '시' 를 한 줄기의 생명줄로 하여 시인으로 등단하고 마침내 첫 시집『슬픔이 흐르는 강』을 펴내기에 이른, 그 운명이 슬프지만 찬란하다. 이쯤이면 시란 과연 무엇인가를 떠올리지 않을 수 없다. 슬픔 속에서 갈망하는 기쁨, 그것이 시 속에 있는 것이 아닌가. 그렇다면 시 쓰기는 단순한 열정이 아니라 삶을 살아가는 방식이기도 한 것이리라.

2.

박수련 시인의 시세계를 압축하여 말하자면 단연코 떠오르는 대목이 있다. "삶은 곧 예술이고, 예술의 완성은 사랑이다." 이것은 몇 년 전 개봉했던「어느 예술가의 마지막 일주일」이라는 영화를 핵심적으로 소개하는 한 대목이기도 하다. 예술을 논하면서 빠질 수 없는 것이 사랑이고, 인간이라면 빠질 수밖에 없는 감정이 사랑이다. 실로 사랑이라는 감정은 기쁨과 행복, 만족감과 충만감이라는 긍정적 감정을 마구 샘솟게도 하고, 반대로 슬픔과 분노, 그리움과 외로움, 불안과 우울 등의 부정적 감정을 들끓게도 하지 않는가. 고로 시를 비롯한 예술에서 사랑은 더할 나위 없는 대주제가 되는 것이 마땅하다. 그것은 인간의 삶에서 어떠한가. 사랑으로 사는 것이 인간사인지라 사랑은 인간 삶의 본질이요, 인간을 움직이는 최고의 동력임에 틀림없다.

박수련 시인의 시집 『슬픔이 흐르는 강』 도처에는 '사랑'이 견고히 아로새겨져 있다. 가히 사랑의 탐구라 할 만큼 그의 시를 읽으면 사랑에서 파생되는 갖가지의 감정을 충만하게 조우할 수 있다. 그중 유독 밀착되게 느껴지는 정서는 시집의 제목에서도 쉽사리 알아차릴 수 있는 '슬픔' 이라는 감정이다. 시집의 길잡이로 삼을 수 있는 「시인의 말」에서 "자식을 잃은 어미가 신음하는 유리창으로/ 나도 자유를 그리워하며/ 새벽노을을 바라봤다./ 시를 그리워했고,/ 핏줄을 그리워했고,/ 심중은 끊임없는 고통의 갈급이었다."라고 밝힌바 있듯 박수련 시인은 긴 투병 생활로 인해 가족과 자유를 절실하게 갈구하였으니 결핍에서 비롯된 슬픔의 내면화는 당연한 것이라 할 수 있다. 그렇지만 생각해 보라. 특이한 것은, 점차 표정과 감정이 사라지는 증상을 앓는 이가 절절한 감성을 풍성히 갖는다는 것.

흘러가는 북한강
뽀오얀 젖가슴 사이로 여울지는
봄날을 홀리는 우윳빛 아미
싹튼 나뭇가지
멀어버린 겨울 눈빛
오색빛 물결 잠든 미몽 풀려고 몸부림한다
하얀 집이 있는 강 건너 모래밭
내 슬픔이 흐르는 강을 향해
바위에 우뚝 올라서니
물빛이 사랑한다고 사랑하라고
내 어둠을 보고 소곤거리는구나
나의 이 황혼도 더러는 쓸쓸한 봄길로
다녀가는 이별의 먼 초점
내 사랑은 잃어버린 걸까 잊혀진 걸까
젊음을 다시 더 한 번
돌아보면 풋과일 향내
아직은 모든 추억이 하얀
너의 얼굴 향해 다가가고 있지만
그리운 것은 슬픔이 흐르는 강
바라보는 우리 두 목숨
꽃으로나 피어 살아갈까 죽어갈까
초침 멎은 듯 화알활 끓어오르는 첫사랑
지금은 고요하게 떠오르는 화사한 봄
눈부신 마당 멍석처럼 쏟아지던 미련이
새하얗게 빛나는 언제나 슬픔이 흐르는 강

—「슬픔이 흐르는 강」 전문

동서고금을 막론하고 수많은 시인들이 사랑과 슬픔의 무늬를 면면히 그린 것처럼 박수련 시인 또한 사랑과 슬픔을 비중 있게 다룬 모습을 보인다. 그런데, 그가 보여주는 사랑과 슬픔의 형질은 단지 그 정서 자체에만 함몰되어 있지 않다. 사랑과 슬픔을 자아내는 시적 원리가 '흐름' 속에 휘감겨 있음이 발견되는 것이다. 흐름이란 무엇이던가. 그것은 때로 멈춤을 존재하게도 하고, 이윽고 변화를 존재하게도 하며, 급기야 다시 태어나게도 하는 힘을 가졌다. 분명 생명의 원리와도 같다.

허나, 「저문 강에 삽을 씻고」의 시인 정희성이 노래하였듯 그야말로 흐르는 것이 어디 물뿐이겠는가. 이 시집의 표제시이기도 한 「슬픔이 흐르는 강」에는 첫사랑, 미련, 젊음, 추억, 슬픔, 그리고 세월이 흐른다. 말하자면, 흘러가는 강물의 속성에 '시간'의 흐름이 덧입혀진 것이다. 시인은 첫사랑의 미련도 저 강물처럼 슬픔을 타고 흘러가야 아름다워지는 것이고, 지나간 젊음의 시간도 추억을 타고 흘러가야 아름다운 세월로 축적될 수 있는 것임을 상기시킨다.

박수련 시인의 시집에서 흐름의 이미저리는 무수히 등장한다. 그것은 "떠나는 모든 것은/ 겨울 한철이 아니다/ 열차는 내가 철들기 전부터 떠났고/ 지금도 떠나고 있다"(「사랑의 슬픔」)에서처럼 '떠남'의 이미지와도 상통된다. 까닭인즉, 떠남 또한 흐름의 속성처럼 새로운 이치를 맞게 하는 원리를 가졌기 때문이다. 또한 "눈물은 썩지 않는다/ (…중략…)/ 썩은 물이 흐름을 멈춘/ 펠리컨이 얼음에 갇힌"(「너를 위하여 · 2」)에서와 같이 흐름의 이미지를 변주하여 유수불부流水不腐의 의미를 환기하기도 한다. 세상 모든 일에는 흐름이라는 것이 존재하고 있다는 것을 간파한 것이 아닐 수 없다.

흐름을 담아낸다는 건 무의미하게 여겼던 지난 순간을 의미 있게 본다는 것일 터. 그리하여 시인은 「슬픔이 흐르는 강」의 "물빛이 사랑한다고 사랑하라고/ 내 어둠을 보고 소곤거리는구나" 에서 또렷이 감지되는 것처럼 흐르는 강으로부터 위안의 의미를 획득하며, 마침내 "풋과일 향내" 나는 어리숙한 시간, 그래서 어두울 수밖에 없었던 시간일지라도 소중한 인생의 흔적이라는 인식의 관성을 보여주게 된다. 이로써 그가 노래한 사랑과 슬픔의 정서는 하나의 철학적 의미를 구현하게 되는 것이다.

> 그대 그리우면
> 낡은 몸 열차에 태워 도시로 간다
> 썰렁한 명동 후진 커피숍
> 보들레르가 난꽃으로 피어난다
> 잃어버린 추억이 각혈한다
>
> —「그대 그리우면」 전문

아무래도 사랑과 슬픔은 그리움의 언어로 말해져야 할 순간이 따른다. 어찌 보면 사랑, 슬픔, 그리움은 동반의 감정이니 동률로 읽힐 수도 있겠다. 사랑의 감정과 함께 자라나는 인간의 감정 가운데 가장 강력한 것이 슬픔이고, 가장 오래 지속되는 것이 그리움이라고 할 수 있으니 말이다.

박수련 시인은 사랑의 국면에서 숱하게 쌓여진 그리움의 조각들을 결코 휘발되지 않을 선명한 감각으로 제시하는 특유의 노련함이 있다. 시 「그대 그리우면」의 "보들레르가 난꽃으로 피어난다/ "잃어버린 추억이 각혈한다"가 이에 해당된다. '악의 꽃' 의 대명사 보들레르와 사군자의 상징 난꽃, 이 양립할 수 없는 두 가지의 감각. 우리는 양립할 수 없는 감각을 단번에 마주할 때 그 치명적 향기에 도취된다. 그러니 '각혈' 할 수밖에. 이 시가 자아내는 강렬한 인상은 그리움이 어떻게 피어나는지를 보여준다는 데 있다. 그리움이란, 보들레르의 '악의 꽃' 처럼 거부할 수 없는 힘을 지녔으니 난꽃처럼 올곧게 피어날 수밖에 없다는 것. 시인이 보여준 양립적 감각은 우리에게 그리움에 대한 인식의 지평을 넓혀줌과 동시에 그리움의 영역을 한 차원 고양시켰다는 데 개성적 의미를 남긴다.

3.

박수련 시인의 시세계에는 서정이 깃든 풍경이 자리하는 것이 또 하나의 중심 요소이다. 우리가 무심히 지나쳤던 풍경들, 말하자면 시인은 삶의 무게가 덮어버린 심층의 고요한 풍경을 끄집어내기도 하고, 너무 흔해서 의식하지 않았던 작은 풀잎 하나의 풍경을 그려내기도 한다. 풍경을 담는다는 건 그저 표피적인 장식이 아니다. 그것은 풍경 속에 깃든 의미들을 소환하는 것이며, 그리하여 피워낸 서정의 온기로 정서의 일체화를 경험하게 한다는 데 참뜻이 있다. 박수련 시인이 펼친 풍경을 대하고 있노라면 특히 고향과 어머니에 대한 애정을 흠뻑 느낄 수 있다.

박수련 시인의 시는 고향으로부터 시작했다고 해도 과언이 아니다. 상당수의 시가 시인의 고향인 춘천을 배경으로 하고 있음이 이를 증명해 준다. 독일의 시인 횔덜린Friedrich Hölderlin은 그 유명한 "시인의 사명은 귀향" 이라는 말을 남긴바 있지 않은가. 그의 철학에 빗대어 보면 박수련 시인은 시인의 사명을 충분히 다하고 있는 것이리라. 그의 시에서 춘천은 "선한 시인들에게는 찻값을 줄여주는/ 선한 마음" (「북카페」)이 따사로운 곳으로 묘사되고 있고, "꿈인 양 따뜻한/ 고향의 하루" (「목련꽃 계절」)라 인식되고 있으며, 나아가 "이곳 조용한 마을, 유포리로 돌아오리라" (「유포리」)라는 일명 '고향 회귀' 까지 외쳐지고 있는 곳이니 말이다. 그러고 보면 명실공히 고향은 시인을 탄생시키고 시인을 기른다고 할 수 있겠다.

낯선 곳에서 핫초코를 마신다
아이보리색 커튼 사이로 이제 마악
문을 연 건너편 식당을 바라본다
누군가 카키색 옷을 입고 자리를 하고

어린아이의 작은 줄무늬 옷이 다시
자리를 옮긴다
카페 스피커에서 랩을 들으며
나는 슈퍼를 나오는 손님을 바라본다
옛노래와 지금의 노래가 서로 섞이고
일부 건물이 조립식인 이곳은
내용물도 일회용일까
아, 사라진 숲과 냇물은 어디로 가고
저 멀리 촌락을 개조해 빌딩을 지은 사람들
허황한 유원지에 초고속 성장을 꿈꾸는
젊음을 멀리 바라본다
석양길을 접으며 그리움을 삭제한
홈페이지로 다시 달려가고 싶다

—「강촌」 전문

주지하다시피 춘천은 산과 강, 그리고 안개가 많은 아름다운 자연의 도시이다. 그러나 시인은 춘천의 정경을 자연충만한 이상적 공간으로만 그리지는 않는다. 시 「강촌」에서 시인은 파괴되어 가는 고향의 현실 풍경 속에 초고속 성장주의 세태에 대한 고발적 시선을 녹여내면서 사회비판적 메시지를 놓치지 않는다.

춘천의 대표적인 명소인 강촌은 예나 지금이나 어김없이 젊음과 낭만이 활개를 치는 곳이다. 그러나 시인의 렌즈에 포착된 풍경은 되레 젊음과 낭만이 유지되지 못한 그야말로 몸앓이의 현장이 아닌가. 실제로 강촌에는 관광객을 유치하기 위한 볼거리와 즐길거리, 먹을거리가 즐비한 유원지가 형성되어 있다. 문제는 무분별한 개발로 인해 "숲과 냇물은 어디로" 갔는지 알 수 없게 된 지경, "저 멀리 촌락을 개조해 빌딩을 지은 사람들"이 우후죽순 늘고 있다는 것에서 포착된다. 이 같은 세태에 "조립식인 이곳" 카페의 "내용물도 일회용"이 아닌가 하는 의심에 머물게 된 시인의 시선이 오로지 '물질'과 '성장'에만 경도된 이들에게 중요한 시사점을 남긴다. 대한민국은 한쪽에선 돈을 벌기 위해 환경을 파괴하고 있고, 또 다른 한쪽에선 환경을 복구하기 위해 돈을 쓰고 있으니 참으로 아이러니한 현실이 아닐 수 없다. 앞다투어 변해 가는 고향 풍경을 마주한 시인의 씁쓸한 목소리는 우리가 이 사회에서 어떤 문제의식을 가져야 하는지 생각해 볼 기회를 제공한다.

그런가 하면, 박수련 시인이 그려내는 풍경 속에는 '어머니'가 중심에 있는 것이 특징이다. 앞서 살펴본 고향이 인간이 태어나 자란 첫 근원지라면, 어머니는 '나'를 태어나게 한 생명의 근원이랄 수 있겠다. 그러기에 진정한 의미의 고향은 어머니의 품속이라 하지 않던가.

> 어머니는 아침을 준비하신다
> 더덕무침을 프라이팬에 볶으며
> 들리지 않는 두 귀로 음악을 듣는다
> 크게 틀어라 안 들린다
>
> —「보청기 트로트」 부분

출혈성 위장염 진단을 받은 지 석 달
쌀미음을 먹으며 진짜 환자 생활을 한다
친정어머니께서 손수 해주신 음식이다
사람이 나이를 먹는다는 것이 이런 것인가
한창 쓸쓸한 연륜이시다

—「한 송이 백합」 부분

박수련 시인의 시집에는 어머니와 관련된 자전적 이야기들이 곳곳에 담겨 있다. 특히 그것은 위의 시들에서처럼 국산 보청기는 하나 마나라면서 들리지 않는 귀로 트로트를 듣는 어머니의 모습(「보청기 트로트」)으로, 시인에게 손수 음식을 해주시는 쓸쓸한 연륜의 어머니의 모습(「한 송이 백합」)으로 그 지난한 풍경이 그려지고 있다. 아무리 세상이 바뀌고 사람이 변한다 해도, 역시 어머니는 위대하다. 그 무엇도 인간의 정신 혹은 영혼의 결핍을 메우지 못하지만, 어머니만큼은 우리의 삶을 보다 차고 넘치게 채워줄 수 있는 존재이니 성스럽다. 투병 중인 박수련 시인에게 어머니라는 존재는 절대 이상일 것임이 자명하다. 그것이 바로, 어머니가 행여 "가고 없으면" 잊을세라 어머니를 절절하게 노래하게 된 이유가 아니겠는가.

꽃이 자욱하다
시리도록 하얀 꽃
찬란했던 꿈 사명마다

어둠을 털고 있다
생의 찰나 죽음도 삶 같아
사철나무 밑을 혼자 거닌다
늘 돌아갈 곳은 집이다
싸락싸락 내리는 비
어제는 바다였고
오늘은 허공이다
어머니, 방금 실려 가신
당신은 병원 시트 위에 누워
영양제를 맞고 있다
가고 없으면 나는
둘로 나누어 살 것이다
나 하나의 그리움
당신의 쓸쓸함
오늘 밤은 별 없고
비 젖은 하늘만
캄캄하게 떠 있다
젖은 꽃들이 아스팔트에
떨어진다

—「봄비」 전문

「어머니」 연작시로 유명한 김초혜 시인이 「어머니 · 1」에서 노래한 바와 같이 사실 이 세상 모든 이들은 "한 몸이었다/ 서로 갈려/ 다른 몸"이 된 존재들이다. 그러니 어머니는 우리 일생의 지주 또는 숨결이나 다름없다. 박수련 시인 또한 시 「봄비」를 통해 어머니라는 존재가 지니는 절대성을 표출한다. 그러나 김초혜 시인이 통찰한 시적 사유와는 정반대로 "가고 없으면 나는/ 둘로 나누어 살 것이다"라는 명징한 구절로 그 진면목을 드러낸다. 인간은 누구나 그 내면에 여러 지향적 삶을 품은 채 살아간다. 때문에 새로운 삶을 다양하게 꿈꾸면서 나 자신의 삶을 투영시켜 보곤 한다. 그런데 박수련 시인은 어머니의 부재라는 극한 외로움과 고독의 상황을 떠올리는 순간, 특이하게도 어머니를 나에게 투사하는 삶을 생각한다. 자신의 존재를 둘로 나누어 살 것이라는 고차원적 사유는, 단언컨대 어머니에 대한 극대화된 사랑의 표출이자 그가 가고 없는 홀로된 삶을 극복하는 한 방식이리라. 인간적 모습이 아름다운 이러한 시를 통해 우리는 아픔의 공감과 함께 긴 여운의 감흥을 맛보게 된다.

4.

한편, 박수련의 시세계에는 삶과 죽음에 대한 존재론적 성찰이 한 핵심을 이룬다. 시인은 끊임없이 질문한다. 삶이란 무엇인가. 죽음이란 무엇인가. 이 두 개의 질문이 그의 사유에 깊게 자리한 것은 무엇보다도 시인 자신의 투병 생활에서 기인한다. "살을 여는 절개의 혼절"(「수술실」), "내면에서, 떠다니는 강물 및 환상"(「유포리」), "사그라드는 목숨의 선혈을 쏟으며/ 잃어가는 삶을 붙잡기 위한 안간힘"(「시인의 말」)은 삶과 죽음을 현실적으로 받아들이게 하는 기제로 작용하기 때문이다. 육신과 정신의 질곡이 존재에 대한 절실한 탐구를 직결케 한 것이니, 시인에게 삶과 죽음은 남다른 의미로 다가올 수밖에 없는 것이리라.

그 어떤 형태로든 설명될 수 없는 것
미지의 광야, 종교의 섬, 행복을 찾는
발자국, 조용하라 삶만이 가리킬 수 있는
이성의 무덤, 사랑의 연민, 믿음의 깊은 침착, 영적 구애
삶은 당신만이 오를 수 있는 체온지수, 몰아의 투혼
한여름날의 꿈

—「삶」 전문

"미지의 광야" 인 오늘을 사는 인간의 입장에서 삶은 "그 어떤 형태로든 설명될 수 없는 것" 이니 도통 알 수 없는 숙제임이 분명하다. 때로, 삶은 우리에게 행복을 찾게도 하고, 믿음을 찾게도 하며, 나 자신을 온전히 잊게도 한다. 그리고 그것은 뒤돌아보면 아련한 한여름날의 꿈처럼 느껴지기도 한다. 이 복잡하고 어려운 문제 앞에서 시인은 무어라 설득하려 들지 않는다. 삶의 가치를 보여주는 것도 아니요, 잘 살아가야 하는 필연의 그 무엇도 딱히 제시하지 않은 채 삶에 대한 단상을 그저 담담히 나열할 뿐이다. 그러나, 실로 그것만으로도 충분하지 않은가.

중요한 것은 자칫 단조로울 수 있는 이 나열이야말로 삶에 대한 시인의 진지한 고민의 소산이라는 것. 그리고 그 고

민이 선사하는 정수야말로 삶의 본질이라는 것을 깨우치게 한다는 것이다. 삶이란 도대체 무엇인지 그 진지한 고민만으로도 인생의 질감이 확연히 달라질 수 있으니, 이 단조로운 나열이 주는 메시지가 얼마나 귀중한 것인가. 이로 하여 시인은 허둥지둥 살아가기에만 급급했던 독자들로 하여금 삶에 대해 조용히 반추하게 만든다. 사유를 이끄는 힘, 박수련의 시에는 그것이 내재돼 있음이다.

죽음과 삶의 나이테
어제는 사랑이 중요했지만
결혼이 인간을 서로 묶는
다정한 꿈이라면
오늘 홀로 이 빗길에 서 있는
황혼의 느낌
외로운 영혼
피아노 샤프 악보처럼
오렌지빛으로 길을 연다

(…중략…)

우주여
금잔화 한 송이
초록빛 노래
맑은 날 다시 만날까

—「우주의 역사」 부분

지독한 아이러니 같지만, 박수련 시인은 삶과 죽음이 하나로 연결되어 있다는 초연한 인식을 명확히 보여준다. 단적으로 말하면 삶을 살아가는 과정은 곧 죽어가는 과정이고, 그런 점에서 볼 때 생사불이生死不二, 즉 삶과 죽음은 별개로 나누어져 있는 것이 아니라 하나로 이어져 있는 것이라 할 수 있다. 흥미로운 것은, 시인이 시 「우주의 역사」에서 생사불이라는 인식의 지평을 나무의 '나이테' 로 환유한 점이다. 나이테는 나무가 성장을 멈출 때마다 한 테두리씩 마디를 이어가는 것이니, 삶과 죽음의 연결을 고스란히 보여주는 흔적이 아니던가.

박수련 시인은 독자들로 하여금 이와 같은 인식을 우리네 삶에 충분히 투영할 수 있게 해준다. 우리 삶에 있어서 '외로움' 은, 어제 중요했던 사랑과 결혼의 다정한 꿈을 지워버리고 새로 채워진 것이 아니라, 나이테처럼 '사랑' 과 동반하여 이어져 간다는 것을. 그리하여 사랑과 외로움이 본질적으로 결코 이원화되지 않는 것임을 알려준다. 그뿐인가. 그의 시에는 삶과 죽음의 원리가 우주적 통찰로 내달리고 있어 급기야 삶과 죽음의 이치를 우주적 원리로, 다시 우주는 "금잔화 한 송이" 로 환언되어 자연스럽게 연민의 굴레를 떠올리게끔 한다.

> 들에 한세상 피어날 때
> 야생화라고 이름 짓네
> 불빛이 꺼져가는 저 강마을 이야기 익어

슬픔으로 들려오는 가을 빗소리
내 작은 우산 받치고 모두 잊겠네
돌아가자 몸은 가도
묻어둔 당신의 이름 흙이 되어
청춘보다 푸르다
풀잎처럼 푸르다

—「너의 이름 석 자」 전문

인간이 살면서 죽음을 생각하게 될 때만큼 수만 가지의 감정이 따르지 않는 것은 없을 것이다. 그러나 시인은 죽음을 복잡오묘하거나 과장된 감정 또는 난해한 철학으로 노래하지 않는다. 오히려 절제된 언어를 통해 '푸른' 이미지로 심장 속을 파고든다. "돌아가자 몸은 가도/ 묻어둔 당신의 이름 흙이 되어/ 청춘보다 푸르다/ 풀잎처럼 푸르다"는 소멸 또는 죽음은 끝이 아니라 변모하고 환원하며 순환하는 것이라는 점을 보여준다. 특히 이 시는 '내'가 돌아가 '흙'으로 거듭나는 과정에서 두 가지의 미덕을 담아낸다. 하나는, '내'가 세상에 남길 선명한 존재의 증명이자 확인, 그리고 또 하나는 '당신'에 대한 사랑을 간직하겠다는 영원한 다짐을 포함하는 것이다. 이것을 달리 표현해 보면 이렇다. 죽음은 존재의 정체성을 각인시키는 '통로'가 되고, 그 각인은 '영원'이 된다는 것. 그리고 죽음이 있기에 영원 또한 있다는 것. 이 시가 '돌아감', 즉 죽음을 노래하면서도 역설적으로 평화롭고 아름다운 분위기를 유지할 수 있는 것은 바로 실존적 삶 이상의 의미와 교감, 그리고 재생에 대한 깊은 사색이 바탕에 깔려 있기 때문일 것이다.

5.

박수련 시인의 첫 시집 『슬픔이 흐르는 강』은 그저 지나치는 시선으로는 볼 수 없는 삶의 축적된 순간들과 삶의 본질을 여지없이 보여주었다. 시인이 예기치 못한 정신적 시련과 절망을 딛고 자신 내면 풍경을 시로써 치열히 그려야 했던 이유는 그가 말한 대로 생명의 힘을 얻기 위함이었으리라. 절망의 밑바닥까지 갔다가 기적처럼 일상으로 돌아올 수 있게 해준 것은 오로지 시의 힘이었으니 말이다. 그가 전하는 진솔한 울림 또한 깊고 깊으니 앞으로 그의 시를 관심 깊게 읽어줄 독자들의 마음들도 겹겹이 얹어지지 않겠는가.

시로써 구원을 받은 시인의 마음을 들여다보며 다시 한번 시란 무엇인가에 대해 생각해 본다. 아, 시는 단지 마음의 허기만을 채워주는 것이 아니었구나. 때로 시는, 정신을 넘어 병든 육체마저도 일어서게 하는 역할을 해주기도 한다는 것. 의외의 깨달음은 앞으로도 시를 새롭게 정의 내리게 하는 계기로 작용할지도 모르겠다. 이것이 박수련 시인이 갖는 진가일 것이며, 그의 시가 진정 전해주는 메시지일 것이다.

시를 비롯한 예술의 궁극 목표가 '승화'에 있다면, 박수련 시인은 시적 미완함을 채워가며 자신만의 시학을 승화의

단계로 차츰 완성해 나갈 것이라 생각한다. 퍽퍽한 현실 속, 희망의 부재를 앓고 있는, 잃은 것이 많은 상처 깊은 영혼들에게 박수련 시인은 희망의 한 등불이 되어 따스한 서정을 심어줄 것이 분명하다.

시인 박수련

본명 박광순
춘천 출생
춘천여고 졸업
한국방송통신대학교(춘천) 국문과 휴학
1991년 『시세계』 신인상으로 등단
2007년 『솟대문학』 추천 완료
2010년 민들레문학상 시 부문 수상

슬픔이 흐르는 강

지은이 | 박수련
펴낸이 | 김재은
펴낸곳 | 도서출판 시학사
1판1쇄 | 2015년 9월 25일
출판등록 | 2015년 5월 14일
등록번호 | 제300-2015-83호
주소 | 서울 종로구 혜화로3가길 4(명륜1가)
전화 | 744-0110
FAX | 3672-2674
값 8,000원

ISBN 978-89-94889-95-5 03810